Einen Raum aufmachen, einen Ort erschaffen. Das eigene Leben ansehen, die Fasern, die es durchdringen, die Linien, die es begrenzen und die doch verschwimmen. Anja Bachl wird weich, lässt uns weich werden, verortet sich selbst und stellt gleichzeitig fest, dass wir uns nicht verorten lassen. Denn nur, wenn wir das Menschsein darauf herunterbrechen, was es ist – das Bestehen aus Wasser, Blut und der Fähigkeit zu fühlen und zu lernen –, können wir einen Bruchteil dessen verstehen, wer wir sind. Was uns ausmacht. Wie winzig und bedeutend wir uns selbst erscheinen, jede Sekunde jeden Tages. „weich werden" dringt tief, heißt Bloßlegung, auf die beste Art und Weise.

HAYMONverlag

ANJA BACHL

weich werden

Gedichte

für Timon

“If they cannot love and resist
at the same time,
they probably will not survive.”

Audre Lorde

eine Zwischenlandung kann man planen aber nicht vorhersehen
einen Leuchtumfang kann man neben ein Stottern stellen
Klauen kann man nicht mit einem Dreizack vergleichen
und keinen Hüftschwung mit einem Reißwolf
wenn es wackelt
binde ich Kuben aneinander und forme einen Siebenachteltakt als Beat

wellenförmig Gebundenes ist in sich beweglich und stabil
da und dort die Zehen breit machen um den Tritt zu einem Fledermausflügel werden zu lassen
und dadurch Halt gewinnen
sich ein Baiserhütchen vorstellen wie es ein Haus unter Akazien ist
sich ein wildes Tier vorstellen wie es dich auf der Pirsch am Rücken trägt
zu einer Fangfrage werden und das unvorangekündigt

ich hätte gerne Jahresringe
ich wäre eine von den Sonnen die Kilometer entfernt gestapelt auf Reserve liegen
ich würde kein Ich an einen Satzanfang mehr stellen
ich hätte sechs Köpfe ohne mir einen Kopf zu machen
eine von mir wäre konjunktivlos
eine eine von den marmorweißfarbenen Blüten die sich lichtlängs herauspressen

Wölfe kann man nicht in Bernstein gießen
und während man trinkt orientiert man sich nicht
aber es gibt Bruchteile von Sekunden während man blinzelt
die niemand verbucht hat und da passieren Dinge mit Harz
da passieren Dinge mit Richtungweisenden und Ahnungslosen
und du wirst zu beidem gleichzeitig und wiederholbar

einen Teil deiner Nabelschnur hast du im Grunde genommen immer noch
was man sieht wenn man auf Waagschalen wiegt
ist die Bedeutungslosigkeit von Vergleich
ist die Transparenz von Physis
sind der Biss von Brennnesseln und das Schmerzüberspielen
ist das neunzehn Mal zu lange Luftangehaltenhaben unter Wasser

es gibt den Trend von Anglizismen
und zwischen deiner Pupille und meiner Pupille
ist weder ein Vorruf noch ein Nachruf
weder ein zu einem anderen Zeitpunkt also vertagtes Halbsicheres
sondern ein Rauschen das auch ein Fluss sein könnte
eine Verbindlichkeit die aus Schwemmholz Unterschlüpfe bildet

ich würde mich gerne unter deine Sprache legen
und dann warten bis du ein Wort aus mir machst oder einen Satz
ich würde mich gerne von einer Coda in eine Reprise verwandeln
und dann zu einem gängigen Alltagsteil werden oder einem Liebesakt
ich würde mich gerne platzieren wo Investitionen geplant werden
und dann dekonstruieren und eine Architektin sein oder eine gute Spielerin

oder Wale oder die Arktis oder ein Versprechen oder eine Wurzelrettung
mitten im Eis merkst du wie wenig Akklimatisierung bringt ohne
sich ein zu sich passendes Klima ausgesucht zu haben
oder Zwischenräume oder Pappelsamen oder die Treue oder eine Zweitechance
mitten im Umbruch merkst du du kannst Segel setzen
aber winden muss es von ganz alleine

wenn du zwei Hosentaschen hast und beide sind leer
dann sammelst du woanders
und lässt es dir nicht anmerken
oder bist Abstand bedacht auf Vogelperspektive
beschließt zu finden anstatt zu suchen und ertappst dich beim Kramen
wenn du in zwei Backen Weintrauben legst kannst du nicht lachen

und dann erinnere ich mich daran durch Gräser zu streifen und dabei zu heulen
wie eine ganze Mondin
bin Tagezählerin aber keine Rosinenpickerin
bin Bindende und die die Frischluft speichert
Retourkutschen haben aber sie nicht verwenden
und dann erinnere ich mich an zu Quittengelb werden nicht zu Senfgelb

erklär mir nicht wie man sich doppelte Verneinungen abgewöhnt
sondern eher wie man sich einbrennt ohne Spuren zu hinterlassen
wie man drei Ideen gleichzeitig lebt
wie man Milchzähne behält
wie man Kinder gebärt und anschließend Narben körpereigen macht
wie man eine Erfinderin bleibt

es gibt einen Hirnmantel
aber der schützt nicht vor Kälte
es ist das pumpende Herz das wärmt
es gibt einen Gänsewein
aber der bringt keinen Rausch
es ist das Einswerden mit Säften das eint

ich lausche schon länger als ich weiß wie Ohren gehen
und noch immer habe ich mich nicht durchgehört
Gezeitenfreundinnen
sich ausfalten
Streifzüge
Gespenster behalten

sich in Symmetrien und Sachverhalten täuschen
hat etwas von lose werden und windgebogen
von zur Wagenden werden
sich in Formeln und Formen nicht wiedererkennen
hat etwas mit einem sicheren Weg zu tun
mit Zündstoff ohne Befestigung

im Wald bin ich namenlos
Forellenfreundin
Auffaltende
die die über Treppen fliegt
im Schwarz bin ich die die verglüht
und erdwärts sieht man das erst Lichtjahre später

das ist Trost
dass Trostlosigkeit nur ein Querschnitt
eine Facette
eine Überdauerung
eine Episode ist
und keine letzte Warnung

bei Cellulite denke ich nicht an Orangenhaut sondern an Orangengeruch
erlaube mir keinen Querverweis
keine Sozialisation
sondern nur Blütenassoziationen
wenn man Bruchstellen ausreichend Zusammenhang zugesteht
fügt es sich sinnvoll zusammen

was im Föhn blättert fährt ins Gedächtnis als
einerseits Erinnerung an von unten Bäume anschauen
und andererseits Freeze einer Butterseite
was während Ostwinden beschlossen wird
ist eine Hornhautschicht Sicherheit
ist quasi königsdiszipliniert erprobt

Endfindungen und Anfangssuchen haben viel miteinander zu tun
einen Raum aufmachen einen Ort erdenken
nie zu einer Phase werden
untertauchen und aufatmen nebeneinander in sich abwechselnden Zyklen
zu sagen wie man Angst hat davor alles gesagt zu haben vor Ortlosigkeit
ohne das Wort Angst zu verwenden funktioniert indem du deine Stirn in Falten legst

wenn man reimen will muss man das können
muss Bröckerl gesammelt haben und sie dann als ganzes Stück präsentieren
so wie eine Beziehung bei Hochzeiten
ein Witzbold sein macht nur Sinn wenn man sich vor der Ernsthaftigkeit nicht duckt
und wenn man zu Wacholder drei Einfälle skizzieren kann
Assoziationskörper wandern während man sich häutet weiter

ich schaffe Webstücke aus Fetzen und nenne das Liebhaberinnen
nie nervenendende Linien und darauf slacklinen
glaube an Wiedergeburt nach acht Stunden Schlaf
zünde Fackeln an um Schlangen zu locken die sich als meine Schwestern verkleiden
ich habe Schlupflöcher gesammelt und Blickwinkel und heimlich auch Berechnungen
und deshalb werde ich anstatt Stufen zu steigen Almwiesen bewandern

aus einem Nähkästchen heraus schält sich hauptsächlich Subjektives
selbsternannte Horizonte und ein schales Firmament
ein Plan wäre mindestens zu sezieren und höchstens Niederreißungen vorzunehmen
um wach zu bleiben um wachsam zu bleiben
um nicht weniger zu werden sondern mehr
um Trampelpfade nicht mit einer Illusion von Individualismus zu verwechseln

habe mich in Planeten verfangen und betreibe dort Feldforschung
um das Gegenteil von Haarspalterei zu etablieren
wärme Widersprüche auf und zerpflücke i-Tupfen
dort liegt auf einem wirklichewigen Eis was man verschoben hat
nahe am Wasser nahe an Gezeitendingen
Fingerspiele und Scherenschnitte sind eigene Universen

Zimmer mit Knochen und Blut und Adern und Schwellkörpern
und dafür Schlüssel haben
einen ganzen Schlüsselbund
fest verschließen
oder weit öffnen
im Wechsel die Somatologie und das Menschwerden erlernen

wenn ich fun sage bringt das automatisch einen Vorschuss an Spaß
weil es eine Art self-fulfilling prophecy auf wenig komplexem Weg ist
ein kleiner Happen Zwischendurchpep
der sich leicht einbauen lässt
von Raketen reden von multiplen Orgasmen oder Babyziegen
hat den ähnlichen Effekt

Dimensionen in Scheiben legen
die Stunde zwischen jetzt und nachher in Streifen schneiden
genau hinsehen
weite Augäpfel bilden
indem man sich mit Händen eine Eule hält
indem man sich mit Haltungen einen inneren Baum hält

sich neue Wörter lernen
sieben Mal miauen hintereinander
dreizehn Mal gummihüpfen
drei Mal fluchen ohne dabei eine Miene zu verziehen
sich neue Rollen lernen
elf Mal die Langsamste sein

mathematiklos Zusammenhänge errechnen
Primzahlen sind durch eins und sich selbst teilbar
sich durch sich selbst teilen
täglich oder mindestens fünf Mal die Woche
und sich dann erneut zusammenfügen
zu einem selber werden immer wieder neu

zwischenzeitlich Verkeilungen zulassen
dabei zwinkern
sich zuwenden
gewichtig sein
und sich drehen
aus der Schale heraus Durchringungen vornehmen

Körnungen und Krönungen sind optische Täuschungen
Intros und Vorspiele Teil des essentiellen Teils
Eckdaten und Sideinfos unterschätzte Kuchenstücke
Tuchfühlungen und Brückenschläge sind das Gegenteil von Grenzgängen
Bizepse und Kaumuskeln keine Vorzeigesysteme
und Entfernungen und Zeitmessungen Orientierungshilfen

wenn wir von Herzen sprechen
meinen wir den Muskel
meinen wir das Organ
meinen wir das Bild
meinen wir einen Ort
oder meinen wir ein Perpetuum Mobile zumindest lebenslang

mehrfach nachgebaute Objekte
bringen das immer ähnliche Ergebnis
mehrfach nachgeahmtes Selbstsein
bringt das sukzessive Aufmachen eigener Festfahrungen
aber alles dazwischen sind Entscheidungen
und du kannst sie objektorientiert treffen oder dich etwas trauen

jedes Licht hat ein eigenes Licht und jeder Blick hat einen eigenen Blick auf Licht
jedes Dazwischen hat eine eigene Linie
jeder Widerspruch ist das Fernbleiben von Logiklosigkeit in seiner eigenen Dynamik
das Traurige an Bergwerken ist das Aushöhlen
dass etwas instabiler werden muss
damit an anderer Stelle konstruiert werden kann

Domestizierung ist eine genetische Isolation
und der Irrglaube Wildes zähmen zu können
wenn ich Wildem begegnen will
lerne ich Licht zu lesen
und über Morsecodes meinen Glauben an Ebenbürtigkeit zu kommunizieren
dann kommen Dinge die auf ewig frei sind und wollen bleiben

die Welt benennen um sie zu retten
Erben und Eliten das Hintenanstellen lehren
nachfragen bei den Jungen und Jüngeren
Boxen löschen
Trugschlüsse benennen
sich aneinander reiben bis es Funken gibt

keine Rückschlüsse vor Erfahrungen heben
nach Pronomen fragen
Wandfarben als Optionen haben
Voraussetzungen zerlegen
eine Unterredung einer Implosion vorziehen
sich gedeihen lassen auch wenn es wuchert

ich gehöre dem Wasser
es macht mich durchlässig und zäh
Echolote dienen mir als Tarnung als Wappnung
um Konnexe und Kontexte themenversiert zu repräsentieren
aber ohne Blicke tauche ich insellos
in eine fünfundneunzigprozentig unerforschte Tiefsee

etwas zu entkernen steht nur für sich wenn es um Steinobst geht
und man keine Weitspuckbewerbe vorhat
etwas von seinem Innersten zu trennen ist nur dann rechtfertigbar
wenn es bezuglos das Eigentliche bleibt
etwas klarer sehen zu wollen kann auch heißen
es durch ein Kaleidoskop zu schicken

wölbe mich verschworen durch aalglatte Bahnen
breche Betoniertes mit Zunge mit Zähnen
lisple
bin flapsig
schüttle mich
ich rufe und es ruft zurück

Fülle für Zimmer können Murmeln sein
können Tränen sein oder Aggregate in verschiedenen Größen
können Weichzeichner sein
elektrische Impulse oder Zimtstangen
Fülle für Zimmer kann Wundheilung sein
aber auch jede andere Reihe an guten Dingen

wie Spektren oder Zuckerwatte oder Kleber für Laufmaschen
wie Warnhinweise
Nuancen oder Fruchtfleisch
wie Ballspiele
Pastellfarben oder stundenlanger Hautkontakt oder eine Welt ohne Panzer
wie Dialoge wie Dialogisches wie Ambiguitätstoleranz als Prinzip

während Regenrisse und Trennschärfen sich von Kurzlebigkeit fernhalten
gibt es Schärfentiefe und scharfe Grate
unbemerkt weiden sich Wesen aus
spucken sich Wesen aus
entkommen Bemühungen die als seltsame Vögel flattern
und wir atmen währenddessen

um sich zeitgleich auszuhöhlen und aufzufüllen braucht es
Substanz
Morgen
Kitt
und Risikobereitschaft
und eine selbstverständliche Wechselwirkung die in Betrieb Signale sendet

neidloser wäre ich schillernder aber auch unechter
berge als Rückschluss das Ungebrochene
verliere an Angst und gewinne an Welt
unterteile in Lernfelder und Verlernfelder
launenloser wäre ich interpretierbarer aber auch platter
liebäugle aus Reaktanz mit Phlegma

fungiere als Einmachglas
konserviere Sachen
die für Tage bestimmt sind an denen man etwas braucht aber nichts hat
an denen man Angewiesenheiten auspackt
konserviere Sachen
und rieche dabei nicht nach Essig

während einer Metamorphose wird ein Körper von seinen eigenen Verdauungssäften zersetzt
was übrig bleibt sind Zellen
die einen neuen Körper bilden
während einer Erwachsenwerdung wird der Körper von seinen eigenen Ansprüchen zersetzt
was übrig bleibt sind Zellen
die einige neue Ausrichtungen bilden

im Tiefland splittern ähnliche Reste
wie bei Krokantbissen
und bei Regen ist die Haut aus Glas
was aber nicht verdünnter macht
sondern fasriger
ausgedünnter

ein Hanteln
von Frühling zu Frühling
ein Ausbalancieren
zwischen Sicht und Fokus
ein Abwinken
von Gefälligkeiten und Bosheiten

dem Schimmer die Konturen lassen
und sich Korallenriffe und verlorene Haare merken
weil nichts egal oder austauschbar ist
weil zwischen Witterung und Wetter Welten liegen
und etwas über einen Kamm scheren nur Sinn macht mit Wolle
dem Glanz den Schatten lassen

jage den Haarsternen der Kometen hinterher
um ihnen Fragen zu stellen über Zeitspannen und Ablaufdaten
um mich belehren zu lassen
um mich zu vergewissern
ob ich richtig liege mit der Annahme
nichts ist auf Unversehrtheit hin konzipiert

und in mir wohnt ein Wurmloch
ein transparenter Kreis
ein rabbit hole
ein See silberner Fragezeichen
ein Territorium gefleckter Wildpferde
in mir wohnt die Dattelsüße und eine Sammlung Tautologien

über den letzten Schluck Kaffee kann man streiten
ist es der beste
oder ist es der entbehrlichste
über die Notwendigkeit der Milz kann man nicht streiten
auch nicht über die Unentbehrlichkeit von Ansprache
aber über Übersprungshandlungen

all we have is now ist ein Trugschluss
alles was wir haben ist jede Sturmpause
jedes Damals unter gesprenkelten Sonnenschirmen
jede Idee und jeder Fünfjahresplan
all we have ist die Summe aller Atemzüge
jede Ausdehnung und jedes Einsammeln

wir sollten keine Abstriche bei Sauerstoffversorgungen machen
oder bei Friedvollem
oder bei a thing called love
oder bei Vorstellungen von sich selbst
denn alles was man dehnt ohne verhandelbares Material
zerspringt in Konfetti die niemand wiederverwenden kann

dort ein Becken
da ein Schwarm
ein Anlauf ein zweiter Anlauf
etwas Dumpfes
Falten Zacken Sprünge
man wächst nicht an Unversöhnlichkeit sondern an Wagnissen

Pfoten von Hunden sind nie zu laut
und Phantasmen bürgen bedingungslos für Kindereinfälle
du kannst einen Morgen nicht von einem Resttag trennen
Salbei ist winterhart
ein Knacken ist nicht mit einem Lochmuster vergleichbar
und Kirschen sind besser als Brause

ich träume von einem Nervenkostüm aus reißfesten Schnüren
und habe niemals eine Einwilligungserklärung für Schemen und Scham unterschrieben
Pokerface und Innenschau sind Cousins die ständig kichern
und du gehörst niemandem
und wo Mikrokosmen sind
sind Möglichkeiten

ich will feelings und Feinstoffe in mehrmalstäglichen Dosen und Konsumlosigkeit üben
ich will Strophen hören und auch die mit schwierigen Wörtern
ich will Spitznamen und jede Unsicherheit und heimliche Weglegungen zu geheimen Plätzen
ich will ein Elternteil sein auf ewig
das gießt
aber nicht zieht

bei Salzrändern und Bruchstellen denkt man fälschlicherweise an Vulnerables
anstatt an Geschichtenerzählerinnen
anstatt an Bereitschaft
Rüstungen machen uns nicht wackerer
sondern unfähiger bei Koppelungen
ich frage mich wieviel wiegt das Risiko

eine Zwischenlandung kann man erdenken aber nicht in Vorstellungen erleben
vorwärts und rückblickend findet man besser zum Ziel
weich werden ist
Zärtlichkeit und Widerstand leisten zur selben Zeit
wenn es wackelt
krame ich nach Courage und forme mich anhand der Erdrotation

Auflage:
5 4 3 2
2025 2024 2023 2022

HAYMONverlag
Innsbruck-Wien
Haymon Verlag Ges.m.b.H.
Erlerstraße 10
A-6020 Innsbruck
office@haymonverlag.at
www.haymonverlag.at

ISBN 978-3-7099-8177-1

Inhaltliche Betreuung, Lektorat: Haymon Verlag / Katharina Schaller
Projektleitung: Haymon Verlag / Lisa-Marie Holzknecht
Umschlaggestaltung, Vor- und Nachsatz, Buchinnengestaltung: Tina Spindlegger

Anja Bachl ist Schriftstellerin und Kunsttherapeutin. In ihren Texten wird das zutiefst Persönliche zum Politikum: das Frausein, die Mutterschaft, die Zwänge der Gesellschaft, die Liebe und Intensität des Lebens. Anja Bachls Sprache ist plastisch, eindringlich. Die Bilder, die durch die Gedichte entstehen und greifbar werden, tanzen im Kopf der Lesenden, bleiben haften. 2021 erhielt Anja Bachl den Irma-von-Troll-Borostyáni-Preis für journalistische Beiträge. „weich werden" ist das Debüt der Autorin, ihre Lyrik wurde mit dem Georg-Trakl-Förderungspreis ausgezeichnet.